SARAH PRIEUR

HÄKELN Super Easy FÜR KIDS

MIT VIDEO-ANLEITUNGEN UND EXTRA VIELEN SCHRITTFOTOS

EMF

EIN BUCH DER EDITION MICHAEL FISCHER

Inhalt

32

28

Vorwort

In diesem Buch zeige ich dir, dass Häkeln Spaß macht und gar nicht so schwer zu lernen ist. Alles, was du brauchst, sind Garn und eine passende Häkelnadel und schon kann es losgehen. In diesem Buch findest du viele kleine Projekte, die anfängertauglich sind, aber trotzdem alles andere als langweilig. Wenn du die Grundlagen einmal gelernt hast, dann kannst du selbst noch kreativer werden und Farben, Muster und Größen ändern und selbst zum/zur Designer*in werden. Aber Achtung: Wenn Familie und Freund*innen deine gehäkelten Werke sehen, wollen sie sicher auch, dass du etwas für sie häkelst! Vielleicht gibst du deine neu erlernte Fähigkeit direkt weiter und bringst ihnen das Häkeln bei. Denn Häkeln ist ansteckend und macht am meisten Spaß, wenn man zusammen kreativ wird!

Um dir den Häkelstart möglichst einfach zu machen, habe ich dir ein paar Videos aufgenommen. Zu den meisten Häkelgrundlagen findest du QR-Codes, die du einfach mit der Kamera eines Smartphones scannen kannst und die dir dann direkt das passende Video anzeigen.

Deine

Sarah

QR-CODE EINFACH EINSCANNEN ...

... AUF DEN LINK KLICKEN UND ZUM VIDEO GELANGEN, ZUM DIREKTEN LOSHÄKELN!

Grundlagen

Einführung
IN DAS HÄKELN

Um mit dem Häkeln loszulegen, brauchst du zunächst gar nicht viel. Als Grundausstattung reichen das Garn, eine Häkelnadel, eine Wollnadel und eine Schere.

Neben den eben genannten wichtigsten Materialien gibt es viele Hilfsmittel, die zwar nicht dringend erforderlich, aber praktisch sind und einfach Freude machen, z. B. Projektbeutel, Maschenmarkierer oder Garnschalen.

Häkelnadeln gibt es aus verschiedenen Materialien, wie Metall, Holz oder Plastik und in verschiedenen Größen, auch Stärken genannt, die in Millimetern angegeben werden.

Für dickeres Garn brauchst du eine dickere Nadel als für dünnes Garn. Auf der Banderole, die um das Garn liegt, findest du eine Angabe dazu, welche Nadelstärke sich am besten für dieses Garn eignet. Auf der Banderole kannst du sehen, wie das Garn zusammengesetzt ist, z. B. 70 % Polyacryl, 30 % Schurwolle. Auch das Gewicht des Knäuels und eine Angabe zur Lauflänge, z. B. LL 55 m/50 g, findest du auf der Banderole. Das bedeutet, dass der Faden dieses Knäuels 55 m lang ist und das ganze Knäuel 50 g wiegt. Diese Angabe ist wichtig, wenn du lieber ein anderes Garn als in der Anleitung angegeben benutzen möchtest und deswegen nach Garnalternativen suchst.

Bei jedem Häkelstück hast du mindestens zwei Fäden, die du vernähen musst. Zum Vernähen dieser Fäden nutzt man eine Wollnadel. Sie ist dicker als normale Nadeln und hat vor allem ein größeres Nadelöhr, damit auch dickeres Garn hindurchpasst.

Bei einigen Projekten musst du Maß nehmen, dafür reicht ein Lineal, praktischer ist jedoch ein klassisches Maßband.
Maschenmarkierer gibt es in ganz vielen verschiedenen Farben und Formen, aber es reicht auch schon ein kurzes Stück Faden, um den Beginn deiner Runde zu markieren.
Projektbeutel aus Stoff, z. B. mit Reißverschluss, sind schön und praktisch, um deine Häkelprojekte mit auf Reisen zu nehmen.
Um bei mehreren Projekten den Überblick zu behalten, kannst du dir ein Projektbuch anlegen. Nimm dafür einfach ein hübsches Notizheft und vermerke darin alle Informationen zu deinem Häkelprojekt.

Auf den Häkelnadeln findest du normalerweise eine Angabe zur Größe der Nadel, wenn nicht, hilft ein Nadelmaß für Häkelnadeln, das an der Seite offen ist. Du hältst den Schaft der Häkelnadel in die Aussparung, um die Größe zu bestimmen.

Damit dir dein Garn nicht davonrollt, gibt es spezielle Garnschalen, in die du dein Knäuel legen kannst. Diese haben eine spezielle Aussparung durch die man den Faden führt, für den Anfang kannst du auch einfach eine Müslischale zur Garnschale umfunktionieren.

Materialien

Nadelhaltung

Es gibt zwei verschiedene Arten, die Häkelnadel zu halten, die Messer- und die Stifthaltung.

Fadenhaltung

Zusammen mit der Haltung deiner Häkelnadel ist die Garnhaltung der perfekte Ansatzpunkt für den Start in dein erstes Häkelstück. Wenn du dir von Anfang an die richtige Fadenhaltung angewöhnst, fällt es dir nachher viel leichter, flüssig zu häkeln, ohne dass sich etwas verhakt oder verknotet.

Maschenglieder

Bei manchen Anleitungen wird angegeben, dass man nur in ein Maschenglied häkeln soll. Diese Illustration verdeutlicht, wo sich das vordere bzw. das hintere Maschenglied befindet.

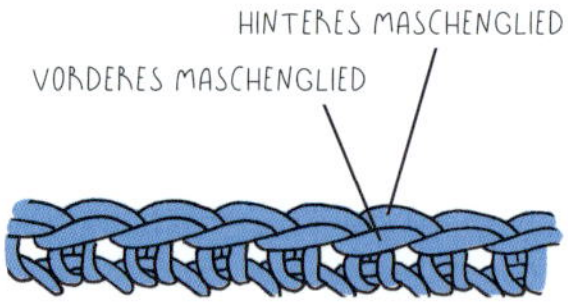

Luftmaschen anschlagen

1. Lege den Faden zu einer Schlinge und fixiere ihn mit Hilfe deines Daumens und Zeigefingers. Der Arbeitsfaden befindet sich unten hinten.

2. Stich nun mit der Nadel durch die Schlaufe und hole den Faden durch die Öffnung.

3. Ziehe die so entstandene Schlaufe leicht fest, indem du an beiden Fäden, dem Fadenende und dem Arbeitsfaden, ziehst. So entsteht die Anfangsschlinge, in die du nun weitere Luftmaschen häkeln kannst.

4. Um weitere Luftmaschen anzuschlagen, die Anfangsschlinge gut festhalten, den Faden holen und wieder durch die Schlinge ziehen. So oft wie nötig wiederholen.

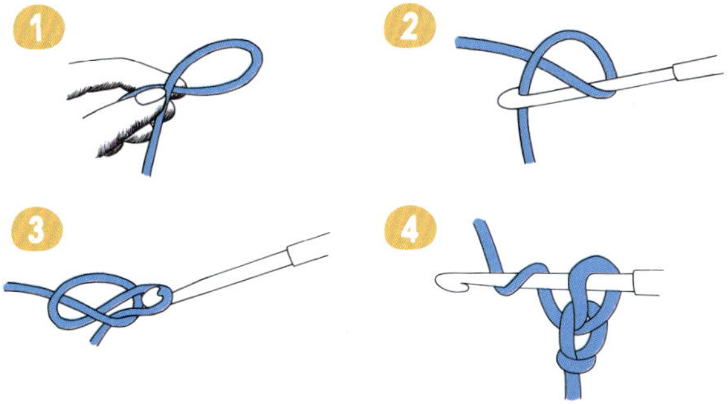

Häkeln in Reihen

Beim Häkeln in Reihen wird das Häkelstück am Reihenende gewendet. Vor dem Wenden häkelst du noch eine entsprechende Anzahl an Luftmaschen. Bei festen Maschen ist dies eine Luftmasche, bei halben Stäbchen sind es zwei Luftmaschen und bei ganzen Stäbchen drei Luftmaschen, um auf die entsprechende Höhe zu kommen. Wir überspringen diese Luftmaschen beim Weiterhäkeln und beginnen die Reihe in der zweiten Masche.

Feste Masche

1. Stich mit der Nadel durch die folgende Masche und hole den Arbeitsfaden. Es befinden sich nun zwei Schlingen auf der Nadel.

2. Hole den Arbeitsfaden erneut und ziehe ihn durch beide Schlingen auf der Nadel. Nun ist die erste feste Masche entstanden.

3. In die nächste Einstichstelle stechen und den Vorgang wiederholen.

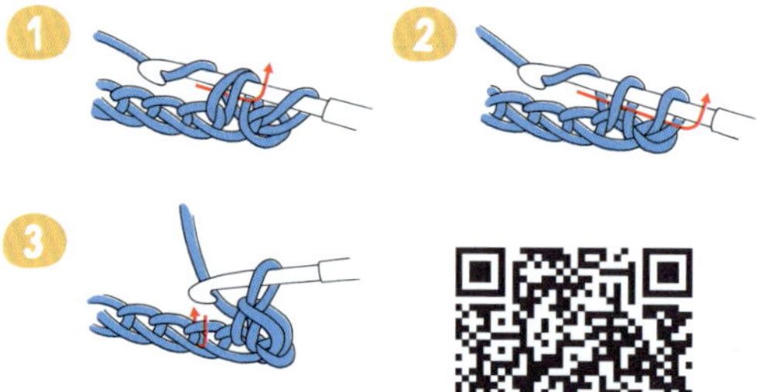

Stehende feste Masche

Lege eine Anfangsschlinge mit einem neuen Faden auf die Häkelnadel. Stich in die gewünschte Masche der letzten Runde des Häkelteils ein und häkle wie gewohnt eine feste Masche. Diese stehende Anfangsmasche ist deine erste feste Masche der neuen Runde. Häkle nun rundherum in die letzte Runde des Häkelteils. Anschließend schließt du die Runde nicht mit einer Kettmasche, sondern häkelst gemäß Anleitung in Spiralrunden weiter.

Stäbchen

1. Lege den Arbeitsfaden einmal um die Nadel (Umschlag). Stich dann in die folgende vierte Luftmasche ab der Nadel ein …

2. … und hole den Arbeitsfaden. Es befinden sich nun drei Schlingen auf der Nadel. Hole den Faden erneut.

3. Ziehe ihn durch die ersten beiden Schlingen auf der Nadel. Es liegen nun noch zwei Schlingen auf der Nadel.

4. Arbeitsfaden wieder holen und durch die letzten beiden Schlingen ziehen. Nun ist das erste Stäbchen entstanden.

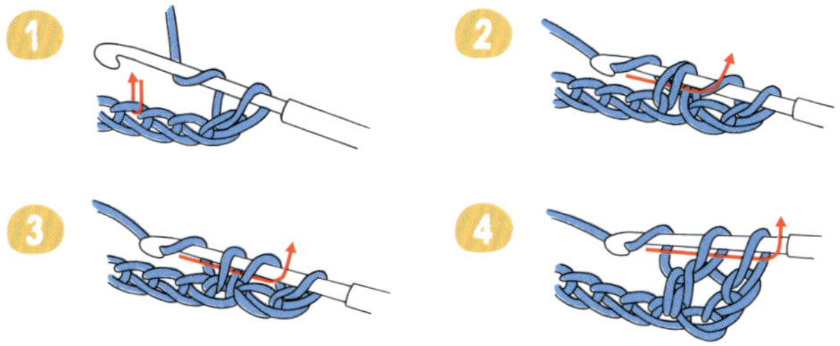

Halbes Stäbchen

1. Lege den Arbeitsfaden einmal um die Nadel (Umschlag). Stich dann in die übernächste Masche (also die dritte ab der Nadel) ein …

2. … und hole den Arbeitsfaden. Es befinden sich dann drei Schlingen auf der Nadel.

3. Hole den Arbeitsfaden erneut und ziehe ihn durch alle drei auf der Nadel befindlichen Schlingen.

4. So sieht das fertige halbe Stäbchen aus.

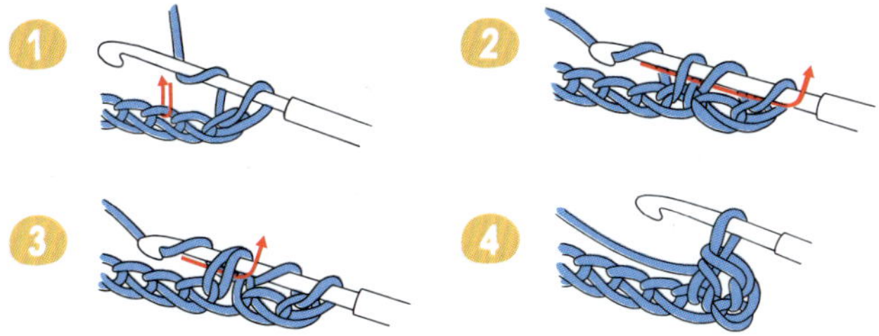

Doppelstäbchen

1. Lege den Arbeitsfaden zweimal um die Nadel und stich dann in die fünfte Masche ab der Nadel ein. Hole den Arbeitsfaden. Es liegen nun vier Schlingen auf der Nadel.

2. Hole den Arbeitsfaden erneut und ziehe ihn durch die ersten beiden Schlingen auf der Nadel. Es liegen dann noch drei Schlingen auf der Nadel.

3. Hole erneut den Arbeitsfaden und ziehe ihn durch die ersten beiden Schlingen auf der Nadel. Es liegen dann nur noch zwei Schlingen auf der Nadel. Hole den Arbeitsfaden erneut und ziehe ihn nun noch durch die letzten beiden Schlingen.

4. Fertig ist dann das Doppelstäbchen.

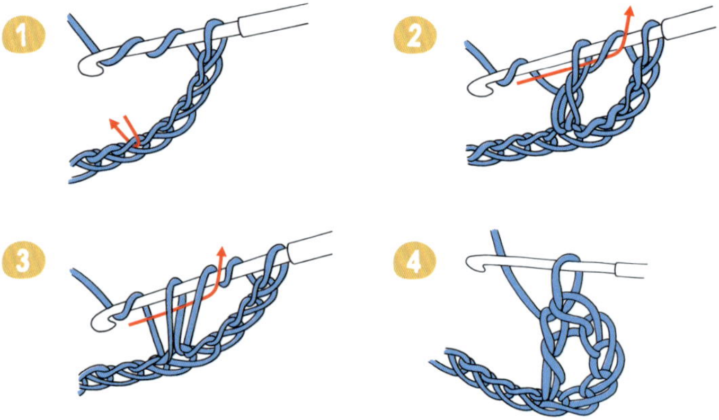

Büschelmasche

Es gibt zwei Arten von Büschelmaschen. Bei der ersten werden 3 Stäbchen in eine Einstichstelle gehäkelt und oben zusammen abgemascht (auch Noppe genannt).

1. Bei dieser illustrierten Variante werden drei Stäbchen wie gewohnt nacheinander in eigene Einstichstellen gehäkelt, jedoch noch nicht abgemascht.

2. Der Faden wird dann erneut geholt und durch alle vier Schlingen gezogen, sodass ein Büschel entsteht. Alle drei Stäbchen wurden also zusammen abgemascht. Eine Büschelmasche ist auch mit mehr Maschen möglich.

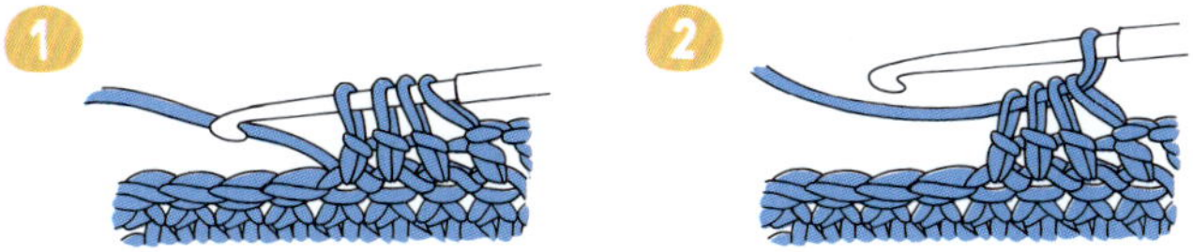

Kettmasche

Kettmaschen sind sehr vielfältig. Sie werden nicht nur verwendet, um Kanten zu verzieren, mit ihnen schließt man auch Runden.

1. Um eine Kante zu verzieren, schlinge den Faden an einer Kante des Häkelstücks an. Stich unterhalb der Wendeluftmasche in die folgende Reihe ein, hole den Faden zur Schlinge und ziehe ihn durch die Schlaufe.

2. So sieht eine mit Kettmaschen verzierte Abschlusskante aus.

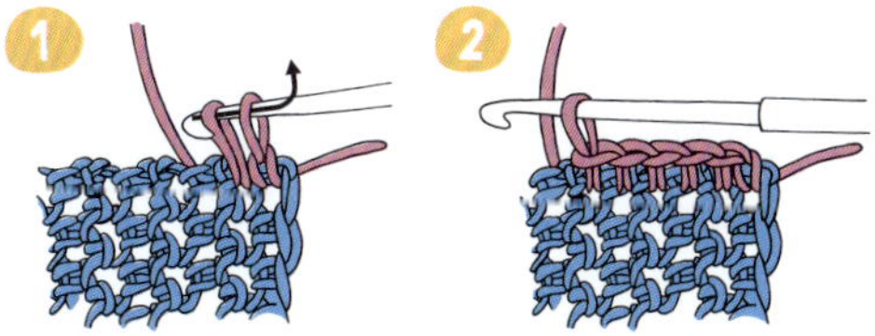

Fadenring

1. Bilde mit dem Garn eine Schlaufe, wobei das Ende des Fadens nach unten zeigt. Lege den Rest des Garns nach hinten über den Zeigefinger und fixiere das Garn zwischen Ring- und Mittelfinger.

2. Halte die Schlaufe mit dem Daumen und dem Zeigefinger fest, führe die Nadel durch die Schlaufe, hole den Faden und ziehe diesen durch die Schlaufe.

3. Hole den Arbeitsfaden erneut und ziehe ihn durch die Schlinge. So wird der Ring fixiert.

4. Ab jetzt können die Maschen wie gewohnt gehäkelt werden. Stich dabei immer um den Ring herum, nicht in die Schlaufen des Ringes hinein. Sind alle Maschen gehäkelt, kann der Ring durch Ziehen am Fadenende zusammengezogen werden.

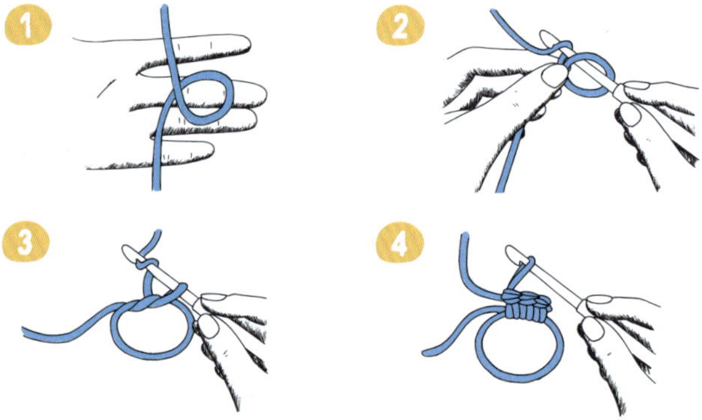

Spiralrunden

Wird in Spiralrunden gehäkelt, so wird am Anfang der Runde keine Luftmasche gehäkelt. Die Runde läuft also einfach schneckenförmig weiter. Du kannst dir den Anfang der Runde mit einem Faden, einem Maschenmarkierer oder einer Sicherheitsnadel markieren. Das erleichtert das Zählen der Maschen.

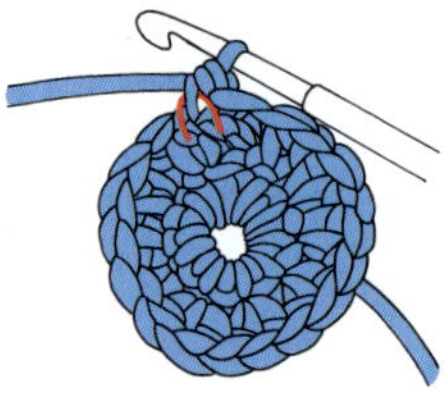

Maschen zunehmen

Um Maschen jeglicher Art zu verdoppeln, wird einfach in eine Einstichstelle zweimal eingestochen. Die Masche dann wie gewohnt häkeln.

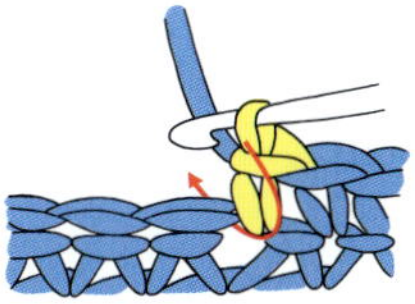

Unsichtbare Abnahme (in Runden)

Mit der Nadel nur in das vordere Maschenglied der folgenden Masche einstechen. Anschließend direkt in das nächste vordere Maschenglied einstechen. Du hast nun 3 Schlingen auf der Nadel. Den Faden holen und durch die ersten beiden Schlingen auf der Nadel ziehen. Abschließend den Faden erneut holen und durch die letzten 2 Schlingen ziehen.

Maschen zusammen abmaschen

Um Maschen abzunehmen, werden diese zu sammen abgemascht. Bei festen Maschen wie folgt vorgehen: Die Nadel wie beim Häkeln einer festen Masche durch die folgende Masche ziehen und den Faden holen, diese feste Masche jedoch nicht beenden. Nun in die folgende Masche einstechen und erneut den Faden holen. Es liegen drei Schlingen auf der Nadel. Den Faden erneut holen und durch alle drei Schlingen ziehen. Die Maschenzahl hat sich somit um eine feste Masche verringert.

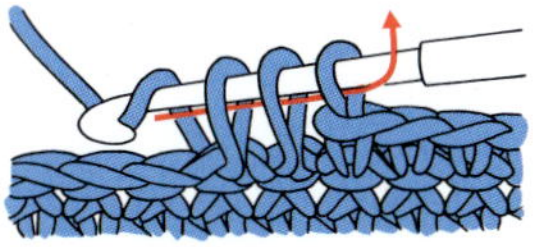

Farbwechsel

1. Häkele deine Reihe bis zum Ende, masche deine letzte Masche jedoch nicht mit der alten Farbe, sondern mit der neuen Farbe ab. Dazu schlingst du die neue Farbe an ...

2. ... und ziehst den Faden durch die letzten beiden Schlingen der letzten Masche.

3. Mit dieser neuen Farbe kann nun die erste Steigeluftmasche für die nächste Reihe gehäkelt werden.

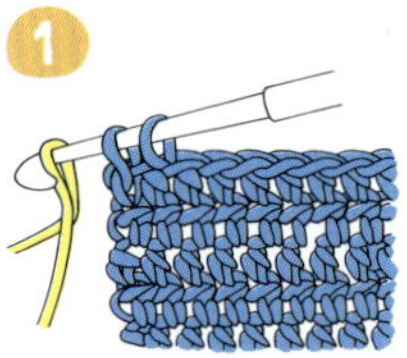

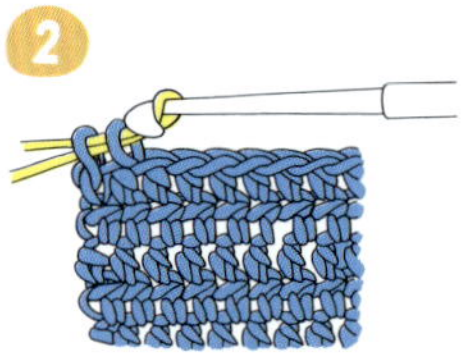

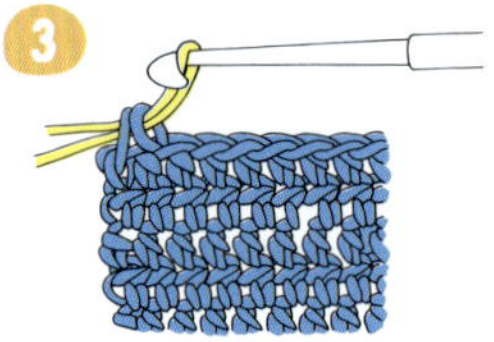

Häkelteile zusammenhäkeln

Um Häkelteile zu verbinden, musst du sie nicht unbedingt zusammennähen. Du kannst sie auch zusammenhäkeln. In der jeweiligen Anleitung wird erwähnt, durch welche Maschen man stechen muss.

Runde unsichtbar schließen

Ist die letzte Runde gehäkelt, den Faden lang abschneiden, durch die letzte Schlinge ziehen und mit einer Vernähnadel und dem Restfaden in die vorderen Maschenglieder der letzten Runde weben. Den Faden fest anziehen und so die Öffnung schließen. Das Fadenende vernähen.

Faden vernähen

Um Fäden unsichtbar zu vernähen, fädelst du den Endfaden in eine Stopfnadel und ziehst die Nadel durch die Maschen auf der Rückseite deiner Arbeit. Schneide den Faden im Anschluss ab.

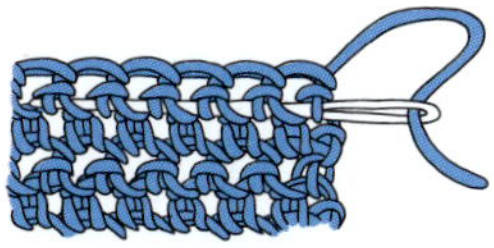

Schwierigkeitsgrade:

1. SUPER EINFACH
2. ETWAS SCHWIERIGER
3. KNIFFLIG, ABER MIT ETWAS ÜBUNG SCHAFFST DU DAS!

happy place

Projekte

In dem hübschen Federmäppchen mit Sternenmuster finden deine Lieblingsstifte Platz. Dank der Verschlusslasche mit Knopf sind sie hier alle sicher aufgehoben.

Stiftetui

GRÖSSE

Höhe: ca. 18 cm
Breite: ca. 7 cm
Für Stifte mit 17 cm Länge. Du kannst die Größe aber individuell an deine Stifte anpassen.

MATERIAL

Schachenmayr Catania (100 % Baumwolle, LL 125 m/50 g) in

- Phlox (Farbe 282), 50 g
- Hellblau (Farbe 173), 50 g

Häkelnadel 3,0 mm
Wollnadel
Schere
1 Knopf (Ø ca. 12 mm)

DIESE TECHNIKEN BRAUCHST DU HIER:

- Luftmaschen (S. 11)
- Feste Maschen (S. 12)
- Stehende feste Masche (S. 12)
- Halbe Stäbchen (S. 13)
- Büschelmaschen (S. 15)

SO WIRD'S GEMACHT

Das Stiftetui wird in Reihen mit Büschelmaschen gehäkelt. Jeweils 2 Reihen bilden zusammen das Sternmuster. Die Umrandung wird aus festen Maschen gehäkelt, anschließend werden die Seiten zusammengenäht und für die Verschlusslasche eine Öse aus Luftmaschen und ein Knopf angebracht.

Schlage 19 Luftmaschen in der Farbe Phlox an.

1. Reihe: Stich mit der Nadel in die zweite Luftmasche von der Nadel aus ein und hole den Faden, du hast zwei Schlingen auf der Nadel. **→ siehe Bild 1**

Bitte umblättern!

Wiederhole diesen Schritt mit den nächsten 4 Luftmaschen, jetzt hast du 6 Schlingen auf der Nadel.
→ **siehe Bild 2**
Hole erneut den Faden und ziehe ihn durch alle 6 Schlingen, häkle 1 Luftmasche. → **siehe Bild 3**

*Stich in das entstandene Loch unterhalb der Nadel ein und hole den Faden → **siehe Bild 4**, stich seitlich in die zuletzt gehäkelte Büschelmasche ein und hole den Faden, stich in den Fuß der Büschelmasche ein und hole den Faden, stich in die nächsten beiden Luftmaschen ein und hole den Faden. Du hast wieder 6 Schlingen auf der Nadel.
→ **siehe Bild 5**

Tipp

Wenn du das Stiftetui größer oder kleiner häkeln möchtest, dann musst du nur darauf achten, dass du zu Beginn eine ungerade Maschenzahl anschlägst.

6

7

8

9

Hole den Faden und ziehe ihn durch alle 6 Schlingen auf der Nadel, 1 Luftmasche*.
Wiederhole von * bis * bis zum Ende der Reihe.
→ siehe Bild 6
Häkle in die letzte Masche 1 halbes Stäbchen, wenden.

2. Reihe: 2 Luftmaschen, häkle 2 halbe Stäbchen in jede Sternmitte der Vorreihe, **→ siehe Bild 7**, 1 halbes Stäbchen in die letzte Masche, wenden.
→ siehe Bild 8

3. Reihe: Häkle 3 Luftmaschen, stich in die 2. Luftmasche von der Nadel ein und hole den Faden. Wiederhole diesen Schritt mit den nächsten 4 Maschen, jetzt hast du 6 Schlingen auf der Nadel. Hole erneut den Faden und ziehe ihn durch alle 6 Schlingen, 1 Luftmasche. **→ siehe Bild 9 und 10**

10

Bitte umblättern!

SO GEHT'S WEITER

11

12

Stich in das entstandene Loch unterhalb der Nadel ein und hole den Faden, stich seitlich in die zuletzt gehäkelte Büschelmasche ein und hole den Faden, stich in den Fuß der Büschelmasche ein und hole den Faden, stich in die nächsten beiden Luftmaschen ein und hole den Faden. Du hast wieder 6 Schlingen auf der Nadel. Hole den Faden und ziehe ihn durch alle 6 Schlingen auf der Nadel, 1 Luftmasche. Wiederhole von * bis * bis zum Ende der Reihe. Häkle in die letzte Masche 1 halbes Stäbchen, wenden.

4. Reihe: 2 Luftmaschen, häkle 2 halbe Stäbchen in jede Sternmitte der Vorreihe, wenden.

Wiederhole die Reihen 3 und 4, bis dein Stiftetui ca. 41,5 cm (27 Sternreihen) oder die gewünschte Länge erreicht hat. **→ siehe Bild 11**
Schneide die Fäden ab und vernähe sie.

13

Beginne mit der Farbe Hellblau am Rand mit einer stehenden festen Masche und häkle rundherum feste Maschen, dabei sollte die Seite mit den Sternen zu dir zeigen. Schneide den Faden ab und verschließe die Runde unsichtbar. **→ siehe Bild 12**

Hinweis

Wenn du die Größe des Etuis anpassen möchtest, dann achte darauf, dass dein Häkelstück lang genug ist, um die Verschlusslasche so umzuklappen, dass sie weit genug überlappt und gut befestigt werden kann. **→ siehe Bild 13**

14

15

16

17

Lege das Häkelstück als Etui zusammen und nähe die Seiten durch die festen Maschen hindurch zusammen. **→ siehe Bild 14 und 15**

Tipp

Versuche, locker zu häkeln, sonst werden die Schlaufen der Büschelmaschen zu eng, und es wird schwierig, mit der Nadel hindurchzukommen.

18

Häkle eine Luftmaschenkette aus 8 Luftmaschen an die Innenseite der Verschlusslasche und nähe sie als Schlaufe fest. **→ siehe Bild 16 und 17**

Zuletzt nähst du den Knopf dort an, wo die Luftmaschenschlaufe beim Zuklappen liegt. **→ siehe Bild 18**

Mit einem selbst gehäkelten Scrunchie in deiner Lieblingsfarbe kannst du deine Haare schick zusammenbinden. Und weil die Scrunchies so leicht zu häkeln sind, kannst du auch gleich noch welche für deine Freund*innen machen.

Scrunchie

DIESE TECHNIKEN BRAUCHST DU HIER:

- Luftmaschen (S. 11)
- Halbe Stäbchen (S. 13)
- Kettmaschen (S. 15)

GRÖSSE

Durchmesser: ca. 10 cm

MATERIAL

Woll Butt Versailles (100 % Polyacryl, LL 196 m/50 g) in
- Beere (Farbe 12407), 50 g oder in Candy Color (Farbe 32457), 50 g

oder Scheepjes Stone Washed
(78 % Baumwolle, 22 % Polyacryl, LL 130 m/50 g) in
- Tourmaline (Farbe 836), 50 g oder in Turquoise (Farbe 824), 50 g

Häkelnadel 3,0 mm
Schere
Wollnadel
Zopfgummi Ø ca. 4,0 cm

SO WIRD'S GEMACHT

Das Scrunchie wird mit halben Stäbchen in Runden um ein Zopfgummi gehäkelt. Die halben Stäbchen werden dabei nur in die hinteren Maschenglieder gehäkelt.

Schlage 20 Luftmaschen an und ziehe die Luftmaschenkette durch ein Zopfgummi. **→ siehe Bild 1**

Bitte umblättern!

SO GEHT'S WEITER

2

3

4

5

Achte dabei darauf, dass die Luftmaschenkette nicht verdreht ist und schließe die Luftmaschen mit einer Kettmasche zur Runde. **→ siehe Bild 2**
Markiere dir den Rundenanfang mit einem Maschenmarkierer oder einem Stück Restfaden.

1. Runde: 1 Luftmasche, 1 halbes Stäbchen in jede Luftmasche [= 20 halbe Stäbchen]. **→ siehe Bild 3**

2. Runde: 1 halbes Stäbchen in das hintere Maschenglied in jede Masche der Vorrunde [= 20 halbe Stäbchen]. **→ siehe Bild 4 und 5**

6

Runde 2 weiter in Spiralrunden wiederholen, bis das Zopfgummi komplett umhäkelt ist und sich genügend Falten gebildet haben. **→ siehe Bild 6**

7

8

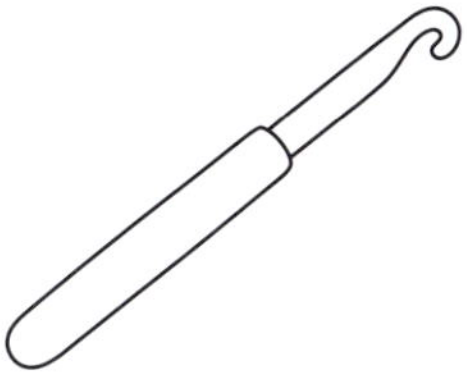

Zuletzt müssen noch die beiden Enden zusammengenäht werden. Achte darauf, dass die gehäkelte Röhre nicht verdreht ist und nähe Masche für Masche zusammen, indem du immer von innen nach außen in die hinteren Maschenglieder einstichst.
→ siehe Bild 7

Tipp

Du kannst auf diese Weise ganz verschiedene Scrunchies häkeln, indem du einfach die halben Stäbchen durch andere Maschenarten austauschst oder, anstatt nur in die hinteren Maschenglieder zu arbeiten, in die ganze Masche einstichst.

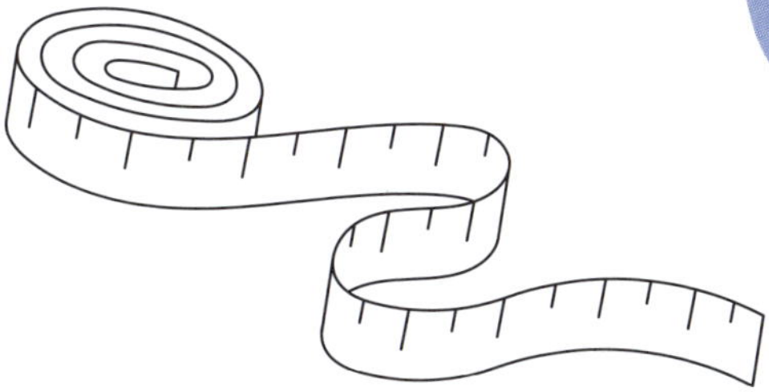

Dein Smartphone ist in dieser gehäkelten Hülle geschützt und hübsch verpackt. Die Größe kannst du genau auf dein Handy anpassen und dich bei den Farben austoben.

Smartphonehülle

GRÖSSE

Höhe: ca. 15 cm
Breite: ca. 7 cm
Du kannst die Größe aber individuell an dein Smartphone anpassen.

MATERIAL

Schachenmayr Catania (100 % Baumwolle, LL 125 m/50 g) in
- Phlox (Farbe 282), 50 g
- Royal (Farbe 201), 50 g
- Pfau (Farbe 146), 50 g
- Sonne (Farbe 208), 50 g

Häkelnadel 3,0 mm
Wollnadel
Schere
Lineal

DIESE TECHNIKEN BRAUCHST DU HIER:

- Luftmaschen (S. 11)
- Feste Maschen (S. 12)
- Kettmaschen (S. 15)
- Farbwechsel (S. 18)

SO WIRD'S GEMACHT

Die Smartphonehülle wird mit festen Maschen in Spiralrunden gehäkelt. Die 4 Farbwechsel werden unauffällig an der Seite gearbeitet.

Um zu berechnen, wie hoch die Farbabschnitte werden, nimmst du das Lineal und misst die Höhe deines Smartphones aus. Teile die Länge durch 4 (für 4 Farben), z. B. 15 cm : 4 = 3,75 cm. Frage einen Erwachsenen, falls du Hilfe beim Berechnen der Farbabschnitte brauchst.

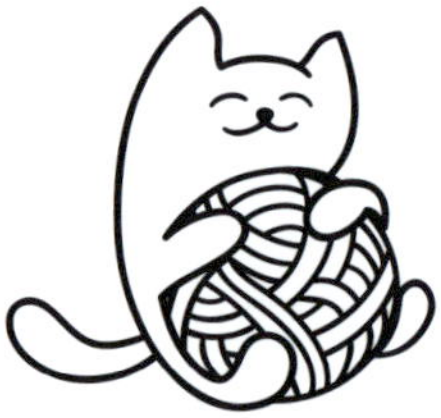

Bitte umblättern!

SO GEHT'S WEITER

Lege dein Smartphone vor dich und schlage mit der Farbe Phlox so viele Luftmaschen an, dass die Luftmaschenkette so lang ist, wie dein Smartphone breit ist, plus 1 Masche auf jeder der beiden Seiten. Bei mir sind es z. B. 18 Luftmaschen. **→ siehe Bild 1**

1. Runde: Die 1. feste Masche wird in die 2. Luftmasche von der Nadel aus gehäkelt, häkle 1 feste Masche in jede weitere Luftmasche. Häkle 3 feste Maschen in die letzte Luftmasche. Jetzt drehst du das Ende der Luftmaschenkette nach rechts und häkelst entlang der anderen Seite weiter. **→ siehe Bild 2**

Auch auf dieser Seite häkelst du 1 feste Masche in jede Luftmasche, in die letzte Luftmasche häkelst du wieder 3 feste Maschen. **→ siehe Bild 3**

Markiere dir den Rundenanfang mit einem Maschenmarkierer oder einem Stück Restfaden.

2. Runde: 1 feste Masche in jede feste Masche der Vorrunde häkeln. **→ siehe Bild 4**

Häkle Runde 2 fortlaufend in Spiralrunden, bis du die vorhin berechnete Höhe für deinen Farbwechsel erreicht hast, z. B. ca. 3,75 cm.

Tipp

Schiebe dein Smartphone schon während des Häkelns immer mal wieder in die Hülle, um zu schauen, ob die Größe passt. **→ siehe Bild 5**

Damit der Farbwechsel möglichst unauffällig ist, machst du ihn an der Seite. Das heißt, du häkelst den ersten Teil der Runde bis zur Seite noch mit der ersten Farbe, Phlox, und wechselst dann erst zu Royal, der neuen Farbe. → **siehe Bild 6 und 7**

Häkle anschließend wieder Runde 2 fortlaufend in Spiralrunden bis zu den nächsten Farbwechseln.

Wenn deine Smartphonehülle die gewünschte Höhe erreicht hat, häkle zum Abschluss für einen schönen Rand noch eine Runde Kettmaschen, schneide den Faden ab und schließe die Runde unsichtbar. Vernähe die Fäden im Inneren, dafür kannst du die Hülle einfach auf links drehen. → **siehe Bild 8 und 9**

Mit dem praktischen Flaschenhalter kannst du deine Trinkflasche ganz bequem überall mitnehmen und hast die Hände frei. Egal ob zum Sport, in die Schule oder in der Freizeit, häng dir deine Flasche um und los geht's.

Flaschenhalter

GRÖSSE

Durchmesser: ca. 7–8 cm
Höhe: ca. 14 cm

MATERIAL

Linea Pura Organico von Lana Grossa (100 % Baumwolle, LL 90 m/50 g) in

- Ozeanblau (Farbe132), 100 g
- Gelbgrün (Farbe 91), 50 g

Häkelnadel 5,0 mm
Wollnadel
Schere

DIESE TECHNIKEN BRAUCHST DU HIER:

- Luftmaschen (S. 11)
- Feste Maschen (S. 12)
- Doppelstäbchen (S. 14)
- Kettmaschen (S. 15)
- Fadenring (S. 16)
- Maschen zunehmen (S. 17)
- Farbwechsel (S. 18)

SO WIRD'S GEMACHT

1

Der Boden des Flaschenhalters wird mit festen Maschen in Runden gehäkelt. Anschließend wird beim Farbwechsel auch das Muster von festen Maschen zu Doppelstäbchen und wieder zurück gewechselt. Zuletzt wird noch ein Tragegurt gehäkelt.

1. Runde: Schlage in der Farbe Ozeanblau einen Fadenring mit 6 festen Maschen an, markiere den Rundenanfang mit einem Stück Restfaden und häkle in Spiralrunden weiter [= 6 feste Maschen].
→ siehe Bild 1

Bitte umblättern!

happy place

SO GEHT'S WEITER

2. Runde: 6 x 1 feste Masche zunehmen [= 12 feste Maschen].

3. Runde: *1 feste Masche, 1 feste Masche zunehmen*, von * bis * noch 5 x wiederholen [= 18 feste Maschen]. → **siehe Bild 2**

4. Runde: *2 feste Maschen, 1 feste Masche zunehmen*, von * bis * noch 5 x wiederholen [= 24 feste Maschen].

5. Runde: *3 feste Maschen, 1 feste Masche zunehmen*, von * bis * noch 5 x wiederholen [= 30 feste Maschen].

6. Runde: *4 feste Maschen, 1 feste Masche zunehmen*, von * bis * noch 5 x wiederholen [= 36 feste Maschen].

7. Runde: *5 feste Maschen, 1 feste Masche zunehmen*, von * bis * noch 5 x wiederholen, Kettmasche, Luftmasche [= 42 feste Maschen].
Der gehäkelte Kreis hat einen Durchmesser von ca. 7,5 cm. → **siehe Bild 3**

8. Runde: 42 feste Maschen in das hintere Maschenglied, die Luftmasche überspringen, 1 Kettmasche, 1 Luftmasche [= 42 feste Maschen].
→ **siehe Bild 4**

Tipp

Häkle das Band ruhig ein bisschen kürzer, als du es eigentlich gerne hättest, denn mit dem Gewicht der vollen Flasche wird es noch ein bisschen nachgeben und damit länger.

9. Runde: 42 feste Maschen, die Luftmasche überspringen [= 42 feste Maschen].

10.–12. Runde: 42 feste Maschen in Spiralrunden [= 42 feste Maschen]. **→ siehe Bild 5**

13. Runde: 42 feste Maschen, mit der Kettmasche einen Farbwechsel zu Gelbgrün häkeln [= 42 feste Maschen].

14. Runde: 3 Luftmaschen, 42 Doppelstäbchen, **→ siehe Bild 6 und 7**, mit der Kettmasche in das 1. Doppelstäbchen einen Farbwechsel zu Ozeanblau häkeln, 1 Luftmasche [= 42 Doppelstäbchen].

15. Runde: 42 feste Maschen, die Luftmasche überspringen [= 42 feste Maschen].

16.–18. Runde: 42 feste Maschen [= 42 feste Maschen]. **→ siehe Bild 8 und 9**

Bitte umblättern!

SO GEHT'S WEITER

19. Runde: 42 feste Maschen, mit der Kettmasche einen Farbwechsel zu Gelbgrün häkeln [= 42 feste Maschen].

20. Runde: 3 Luftmaschen, 42 Doppelstäbchen, mit der Kettmasche in das 1. Doppelstäbchen einen Farbwechsel zu Ozeanblau häkeln, 1 Luftmasche [= 42 Doppelstäbchen].

21. Runde: 42 feste Maschen, die Luftmasche überspringen [= 42 feste Maschen].

22.–26. Runde: 42 feste Maschen häkeln.

Schneide den Faden ab und schließe die Runde unsichtbar. Vernähe auch alle anderen Fäden.

Lege die Flaschentasche flach vor dich hin und häkle in die mittleren 6 Maschen wie folgt: 6 feste Maschen, Wendeluftmasche.

Wiederhole in Reihen, bis der Tragegurt die gewünschte Länge erreicht hat. Nähe zum Schluss die letzte gehäkelte Reihe des Tragegurts auf der gegenüberliegenden Seite an der Flaschentasche an.
→ siehe Bild 10–12

Der kuschelige Loop-Schal ist durch das dicke Garn schnell gehäkelt und ist, doppelt um den Hals gelegt, richtig schön warm. Passend dazu kannst du dir die Mütze von Seite 46 häkeln.

Loop-Schal

DIESE TECHNIKEN BRAUCHST DU HIER:

- Luftmaschen (S. 11)
- Stäbchen (S. 13)
- Kettmaschen (S. 15)
- Farbwechsel (S. 18)

GRÖSSE

Durchmesser: ca. 67 cm
Breite: ca. 15 cm

MATERIAL

Schachenmayr Boston
(70 % Polyacryl, 30 % Schurwolle, LL 55 m/50 g) in
- Gelb (Farbe 21), 150 g
- Hellgrau meliert (Farbe 90), 50 g

Häkelnadel 5,5 mm
Wollnadel
Schere

SO WIRD'S GEMACHT

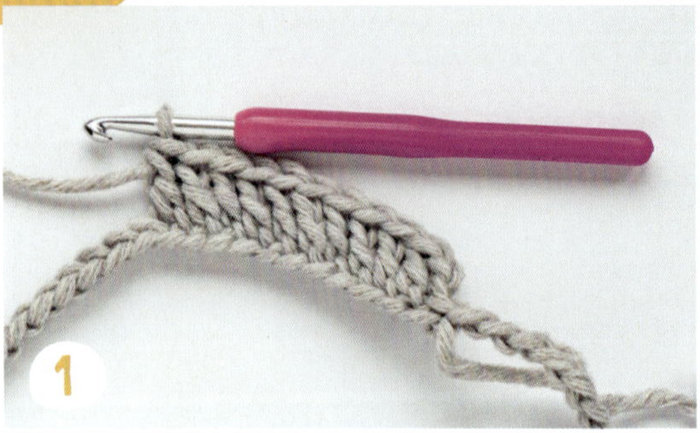

Der Loop-Schal wird mit Stäbchen in Spiralrunden gehäkelt, dabei wird nur in die hinteren Maschenglieder gearbeitet.

Beginne mit der Farbe Hellgrau meliert und schlage 170 Luftmaschen an. Schließe die Luftmaschenkette mit einer Kettmasche zur Runde, achte dabei unbedingt darauf, dass die Luftmaschenkette nicht verdreht ist. Markiere dir den Rundenanfang mit einem Stück Restfaden.

1. Runde: 2 Luftmaschen, häkle in jede Luftmasche 1 Stäbchen. **→ siehe Bild 1**

Bitte umblättern!

make a wish

SO GEHT'S WEITER

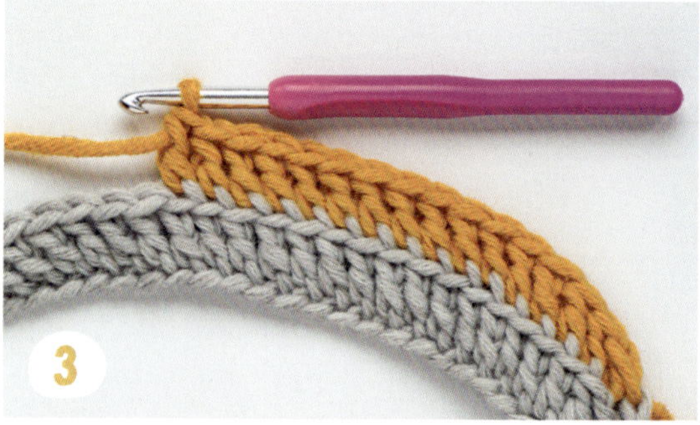

Arbeite beim letzten Stäbchen den Farbwechsel zu Gelb. → **siehe Bild 2**

2.–7. Runde: 1 Stäbchen in das hintere Maschenglied jedes Stäbchens der Vorrunde. → **siehe Bild 3**

8. Runde: 1 Stäbchen in das hintere Maschenglied jedes Stäbchens der Vorrunde. Arbeite beim letzten Stäbchen den Farbwechsel zu Hellgrau meliert.

9. Runde: 1 Stäbchen in jedes Stäbchen der Vorrunde. Schließe die Runde mit 1 Kettmasche und vernähe die Fäden. → **siehe Bild 4 und 5**

Damit er besonders schön kuschelig ist und die richtige Länge hat, wird der Loop-Schal zweimal um den Hals gelegt.

Die zweifarbige Mütze mit dem großen Bommel ist schnell gehäkelt und hält Kopf und Ohren mit dem umgeschlagenen Bündchen schön warm. Passend dazu kannst du dir den Loop-Schal von Seite 42 häkeln.

Mütze

DIESE TECHNIKEN BRAUCHST DU HIER:

- Luftmaschen (S. 11)
- Halbe Stäbchen (S. 13)
- Kettmaschen (S. 15)
- Farbwechsel (S. 18)

GRÖSSE

Einheitsgröße

MATERIAL

Schachenmayr Boston
(70 % Polyacryl, 30 % Schurwolle, LL 55 m/50 g) in
- Hellgrau meliert (Farbe 90), 100 g
- Gelb (Farbe 21), 50 g

Häkelnadel 5,5 mm
Wollnadel
Schere
Pompon-Maker 90 mm z. B. von Buttinette

SO WIRD'S GEMACHT

Die Mütze wird mit halben Stäbchen und Kettmaschen in Reihen gehäkelt, dabei wird nur in die hinteren Maschenglieder eingestochen. Anschließend wird die Mütze zusammengenäht und ein Bommel angebracht.

Beginne mit der Farbe Hellgrau meliert und schlage 35 Luftmaschen an.

Bitte umblättern!

SO GEHT'S WEITER

1. Reihe: Häkle 2 Kettmaschen (die 1. Kettmasche wird in die 2. Luftmasche von der Nadel aus gehäkelt), häkle 30 halbe Stäbchen, wechsle beim 30. halben Stäbchen zur Farbe Gelb und häkle 2 halbe Stäbchen in Gelb, Wendeluftmasche, wenden [= 2 Kettmaschen, 32 halbe Stäbchen].
→ siehe Bild 1 und 2

Ab jetzt arbeitest du nur noch in die hinteren Maschenglieder.

2. Reihe: 2 halbe Stäbchen in das hintere Maschenglied in Gelb (Farbwechsel zu Hellgrau meliert im 2. halben Stäbchen. Achte darauf, die Fäden immer auf der gleichen Seite mitzuführen), 30 halbe Stäbchen in das hintere Maschenglied, 2 Kettmaschen in das hintere Maschenglied, Wendeluftmasche, wenden [= 32 halbe Stäbchen, 2 Kettmaschen].
→ siehe Bild 3

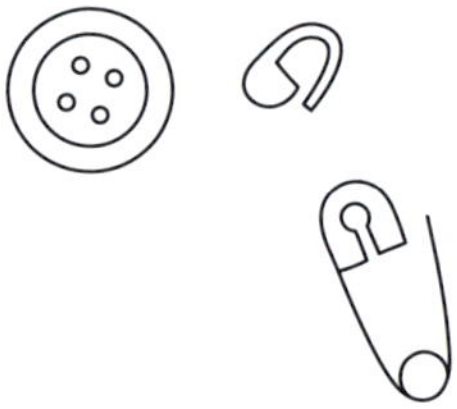

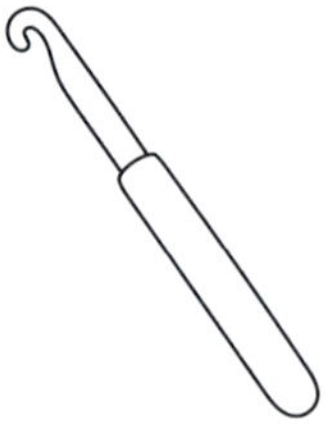

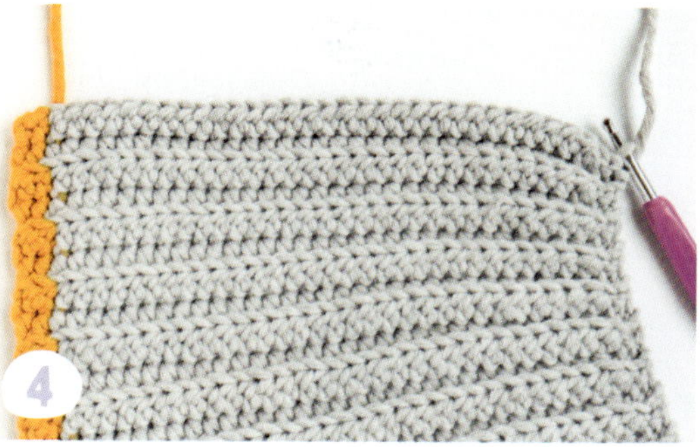

3. Reihe: 2 Kettmaschen in das hintere Maschenglied, 30 halbe Stäbchen in das hintere Maschenglied, Farbwechsel zu Gelb, 2 halbe Stäbchen in das hintere Maschenglied, Wendeluftmasche, wenden [= 2 Kettmaschen, 32 halbe Stäbchen].

Die 2. und 3. Reihe fortlaufend im Wechsel wiederholen, bis du 40 Reihen gehäkelt hast und die Mütze um deinen Kopf passt. → siehe Bild 4 und 5

Diese Seite ist, wenn du das Bündchen später umklappst, außen zu sehen.

So sieht die Seite aus, auf der du die Fäden vom Farbwechsel mitgeführt hast. Durch das Umklappen des Bündchens ist sie später nicht zu sehen.

Bitte umblättern!

Naht von innen

Naht von außen

Fertigstellen

Vernähe alle Fäden und lege die Anschlagskante und die zuletzt gehäkelte Reihe so zusammen, dass die Seite, auf der du die Fäden vom Farbwechsel mitgeführt hast, innen ist. Verbinde beide Seiten, indem du sie mit Kettmaschen zusammenhäkelst.
→ **siehe Bild 6–11**

Nimm einen neuen Faden und ziehe ihn mit Hilfe der Wollnadel durch die Kettmaschen am oberen Rand der Mütze. Ziehe die Öffnung an den Fadenenden zusammen, verknote die Fäden gut und vernähe sie anschließend. Wende die Mütze.
→ siehe Bild 12–14

Hinweis

Möchtest du die Mütze größer oder kleiner häkeln, kannst du zu Beginn mehr oder weniger Luftmaschen anschlagen. Die Anzahl der Reihen kannst du auch anpassen und am besten durch Anprobieren überprüfen, wie viele es sein müssen.

Bitte umblättern!

SO GEHT'S WEITER

15

16

17

18

Den Bommel machst du in Gelb mit Hilfe des Pompon Makers und nähst ihn anschließend an die Mütze. Zuletzt schlägst du noch das Bündchen um, sodass die schöne Seite nach außen zeigt.
→ siehe Bild 15–19

19

Mach es dir mit dem Sitzkissen in deinem Zimmer so richtig gemütlich. Jetzt fehlt nur noch ein Buch zum Schmökern, oder du häkelst einfach direkt dein nächstes Projekt auf deinem Kissen!

Sitzkissen

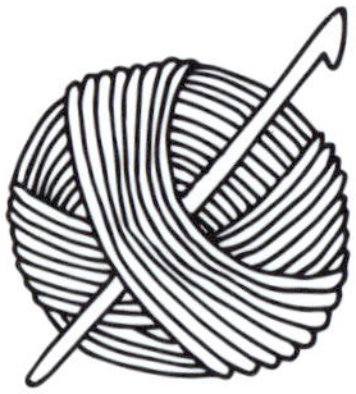

GRÖSSE

Durchmesser: ca. 40 cm
Höhe: ca. 19 cm

MATERIAL

Schachenmayr Cotton Jersey (70 % Baumwolle, 30 % Polyamid, LL 74 m/100 g) in
- Blau (Farbe 51), 600 g

Häkelnadel 8,0 mm
Wollnadel
Schere
2 Rundkissen Ø 50 cm (z. B. von Buttinette)

DIESE TECHNIKEN BRAUCHST DU HIER:

- Luftmaschen (S. 11)
- Feste Maschen (S. 12)
- Halbe Stäbchen (S. 13)
- Kettmaschen (S. 15)
- Fadenring (S. 16)
- Maschen zunehmen (S. 17)
- Unsichtbare Abnahme (S. 17)

SO WIRD'S GEMACHT

1

Das Sitzkissen wird in Spiralrunden mit halben Stäbchen gehäkelt. Um die richtige Form zu erhalten, wird der Übergang zwischen Boden und Seite in die hinteren Maschenglieder gearbeitet.

1. Runde: Schlage einen Fadenring mit 7 halben Stäbchen an, markiere den Rundenanfang mit einem Maschenmarkierer oder einem Stück Restfaden und häkle in Spiralrunden weiter [= 7 halbe Stäbchen].
→ siehe Bild 1

2. Runde: 7 x 1 halbes Stäbchen zunehmen [= 14 halbe Stäbchen].

Bitte umblättern!

3. Runde: *1 halbes Stäbchen, 1 halbes Stäbchen zunehmen*, von * bis * noch 6 x wiederholen [= 21 halbe Stäbchen].

4. Runde: *2 halbe Stäbchen, 1 halbes Stäbchen zunehmen*, von * bis * noch 6 x wiederholen [= 28 halbe Stäbchen].

5. Runde: *3 halbe Stäbchen, 1 halbes Stäbchen zunehmen*, von * bis * noch 6 x wiederholen [= 35 halbe Stäbchen].

6. Runde: *4 halbe Stäbchen, 1 halbes Stäbchen zunehmen*, von * bis * noch 6 x wiederholen [= 42 halbe Stäbchen]. **→ siehe Bild 2**

7. Runde: *5 halbe Stäbchen, 1 halbes Stäbchen zunehmen*, von * bis * noch 6 x wiederholen [= 49 halbe Stäbchen].

8. Runde: *6 halbe Stäbchen, 1 halbes Stäbchen zunehmen*, von * bis * noch 6 x wiederholen [= 56 halbe Stäbchen].

9. Runde: *7 halbe Stäbchen, 1 halbes Stäbchen zunehmen*, von * bis * noch 6 x wiederholen [= 63 halbe Stäbchen].

10. Runde: *8 halbe Stäbchen, 1 halbes Stäbchen zunehmen*, von * bis * noch 6 x wiederholen [= 70 halbe Stäbchen].

11. Runde: *9 halbe Stäbchen, 1 halbes Stäbchen zunehmen*, von * bis * noch 6 x wiederholen [= 77 halbe Stäbchen].

12. Runde: *10 halbe Stäbchen, 1 halbes Stäbchen zunehmen*, von * bis * noch 6 x wiederholen. [= 84 halbe Stäbchen].

13. Runde: *11 halbe Stäbchen, 1 halbes Stäbchen zunehmen*, von * bis * noch 6 x wiederholen. [= 91 halbe Stäbchen].

14. Runde: *12 halbe Stäbchen, 1 halbes Stäbchen zunehmen*, von * bis * noch 6 x wiederholen. [= 98 halbe Stäbchen].

15. Runde: *13 halbe Stäbchen, 1 halbes Stäbchen zunehmen*, von * bis * noch 6 x wiederholen. [= 105 halbe Stäbchen].

16. Runde: *14 halbe Stäbchen, 1 halbes Stäbchen zunehmen*, von * bis * noch 6 x wiederholen. [= 112 halbe Stäbchen].

17. Runde: 112 halbe Stäbchen in das hintere Maschenglied, 1 Kettmasche, 1 Luftmasche. **→ siehe Bild 3**

18.–27. Runde: 112 halbe Stäbchen.

28. Runde: 112 halbe Stäbchen in das hintere Maschenglied, 1 Kettmasche, 1 Luftmasche. **→ siehe Bild 4**

29. Runde: *14 halbe Stäbchen, 1 halbes Stäbchen unsichtbar abnehmen*, von * bis * noch 6 x wiederholen [= 105 halbe Stäbchen].

30. Runde: *13 halbe Stäbchen, 1 halbes Stäbchen unsichtbar abnehmen*, von * bis * noch 6 x wiederholen [= 98 halbe Stäbchen].

31. Runde: *12 halbes Stäbchen, 1 halbes Stäbchen unsichtbar abnehmen*, von * bis * noch 6 x wiederholen [= 91 halbe Stäbchen].

32. Runde: *11 halbe Stäbchen, 1 halbes Stäbchen unsichtbar abnehmen*, von * bis * noch 6 x wiederholen [= 84 halbe Stäbchen].

33. Runde: *10 halbe Stäbchen, 1 halbes Stäbchen unsichtbar abnehmen*, von * bis * noch 6 x wiederholen [= 77 halbe Stäbchen].

An dieser Stelle kannst du die Sitzkissenhülle noch bequem wenden und die Fäden im Inneren vernähen.

34. Runde: *9 halbe Stäbchen, 1 halbes Stäbchen unsichtbar abnehmen*, von * bis * noch 6 x wiederholen [= 70 halbe Stäbchen].

35. Runde: *8 halbe Stäbchen, 1 halbes Stäbchen unsichtbar abnehmen*, von * bis * noch 6 x wiederholen [= 63 halbe Stäbchen].

Stecke beide Kissen übereinander in die Hülle.
→ siehe Bild 5 und 6

Bitte umblättern!

SO GEHT'S WEITER

7

8

36. Runde: *7 halbe Stäbchen, 1 halbes Stäbchen unsichtbar abnehmen*, von * bis * noch 6 x wiederholen [= 56 halbe Stäbchen].

37. Runde: *6 halbe Stäbchen, 1 halbes Stäbchen unsichtbar abnehmen*, von * bis * noch 6 x wiederholen [= 49 halbe Stäbchen].

38. Runde: *5 halbe Stäbchen, 1 halbes Stäbchen unsichtbar abnehmen*, von * bis * noch 6 x wiederholen [= 42 halbe Stäbchen].

39. Runde: *4 halbe Stäbchen, 1 halbes Stäbchen unsichtbar abnehmen*, von * bis * noch 6 x wiederholen [= 35 halbe Stäbchen].

40. Runde: *3 halbe Stäbchen, 1 halbes Stäbchen unsichtbar abnehmen*, von * bis * noch 6 x wiederholen [= 28 halbe Stäbchen].

41. Runde: *2 halbe Stäbchen, 1 halbes Stäbchen unsichtbar abnehmen*, von * bis * noch 6 x wiederholen [= 21 halbe Stäbchen]. → **siehe Bild 7**

9

42. Runde: *1 halbes Stäbchen, 1 halbes Stäbchen unsichtbar abnehmen*, von * bis * noch 6 x wiederholen [= 14 halbe Stäbchen].

43. Runde: *1 feste Masche unsichtbar abnehmen*, von * bis * noch 6 x wiederholen [= 7 feste Maschen].

Den Faden abschneiden, mit einer Nadel durch alle vorderen Maschenglieder ziehen, die Öffnung schließen und den Faden vernähen. → **siehe Bild 8 und 9**

Mit dieser Basisanleitung kannst du Kugeln in allen Größen häkeln. Als Bälle zum Spielen und Jonglieren oder als Köpfe und Körper für selbst entworfene Amigurumi (= Häkeltiere).

Kugeln

GRÖSSE

Durchmesser: ca. 4,5 cm – 5 cm

MATERIAL

Schachenmayr Catania (100 % Baumwolle, LL 125 m/50 g)
- 50 g in deiner Lieblingsfarbe

Häkelnadel 3,0 mm
Wollnadel
Schere
Füllwatte

DIESE TECHNIKEN BRAUCHST DU HIER:

- Feste Maschen (S. 12)
- Fadenring (S. 16)
- Maschen zunehmen (S. 17)
- Unsichtbare Abnahme (S. 17)

SO WIRD'S GEMACHT

Die Bälle werden mit festen Maschen in Spiralrunden gehäkelt. Um die runde Form zu erhalten, werden zunächst Zunahmen und später Abnahmen gehäkelt.

1. Runde: Schlage einen Fadenring mit 6 festen Maschen an, markiere den Rundenanfang mit einem Maschenmarkierer oder einem Stück Restfaden und häkle in Spiralrunden weiter. → **siehe Bild 1**

Bitte umblättern!

SO GEHT'S WEITER

2. Runde: 6 x 1 feste Masche zunehmen [= 12 feste Maschen].

3. Runde: *1 feste Masche, 1 feste Masche zunehmen*, von * bis * noch 5 x wiederholen [= 18 feste Maschen].

4. Runde: *1 feste Masche, 1 feste Masche zunehmen, 1 feste Masche*, von * bis * noch 5 x wiederholen [= 24 feste Maschen].

5. Runde: *3 feste Maschen, 1 feste Masche zunehmen*, von * bis * noch 5 x wiederholen [30 feste Maschen].

6. Runde: *1 feste Masche, 1 feste Masche zunehmen, 3 feste Maschen*, von * bis * noch 5 x wiederholen [= 36 feste Maschen]. → **siehe Bild 2**

7.–13. Runde: 36 feste Maschen häkeln. → **siehe Bild 3**

14. Runde: *2 feste Maschen, 1 Masche unsichtbar abnehmen, 2 feste Maschen*, von * bis * noch 5 x wiederholen [= 30 feste Maschen]. → **siehe Bild 3**

15. Runde: *3 feste Maschen, 1 Masche unsichtbar abnehmen*, von * bis * noch 5 x wiederholen [= 24 feste Maschen].

16. Runde: *1 feste Masche, 1 Masche unsichtbar abnehmen, 1 feste Masche*, von * bis * noch 5 x wiederholen [= 18 feste Maschen].

Tipp

Du kannst die Kugeln als Basis für Amigurumiköpfe und -körper nutzen und deine eigenen Figuren kreieren.

Tipp

Die Größe der Kugeln kannst du ganz einfach verändern, indem du dünneres oder dickeres Garn mit der entsprechenden Nadelstärke nimmst: Für dünneres Garn nimmst du also eine dünnere Nadel und für dickeres Garn eine dickere.

Beginne damit, die Kugel mit Füllwatte auszustopfen, und fülle sie in den nächsten Runden weiter.
→ siehe Bild 4

17. Runde: *1 feste Masche, 1 Masche unsichtbar abnehmen*, von * bis * noch 5 x wiederholen [= 12 feste Maschen].

18. Runde: *1 Masche unsichtbar abnehmen*, von * bis * noch 5 x wiederholen [= 6 feste Maschen].

Hinweis

Du kannst die Größe der Kugeln nicht nur durch die Garnstärke verändern, sondern auch durch die Anzahl der Maschen, die du zu Beginn anschlägst. Wichtig ist nur, dass du genauso viele Zwischenrunden ohne Zu- oder Abnahmen häkelst, wie es Zunahmerunden gibt, plus 1 Runde mehr.
Z. B. wie hier: 6 Runden (1.–6. Runde) mit Zunahmen und 7 (6 + 1) Zwischenrunden (7.–13. Runde). So stimmen die Proportionen der Kugel und sie wird schön rund.

Den Faden abschneiden, mit einer Nadel durch alle vorderen Maschenglieder der 6 Maschen ziehen, die Öffnung schließen und den Faden vernähen.
→ siehe Bild 5

Tipp

Du kannst die Kugeln anstatt mit Füllwatte auch mit Linsen füllen. Das eignet sich vor allem bei Bällen zum Jonglieren oder Hacky-Sack-Spielen.

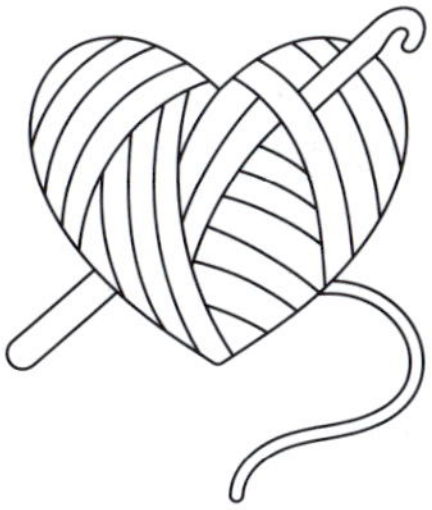

Danksagung

Zuallererst möchte ich wie immer meinem Mann Marcel danken, der für mich, in meinem kreativen Chaos, immer der Fels in der Brandung ist. Vielen Dank für alles.

Meiner Mutter danke ich für den Enthusiasmus und die große Freude, die sie bei all meinen Projekten und meiner Arbeit zeigt.

Außerdem möchte ich meinen Patenkindern Timo, Madita und Lando danken, die mir immer wieder ganz neue Perspektiven ermöglichen. Mit Timo habe ich schon viele schöne kreative Momente erlebt und ich bin froh, dass er den Wert von Handgemachtem zu schätzen weiß. Ich freue mich schon sehr darauf, bald auch mit Madita und Lando kreativ werden zu können und vielleicht lernen sie das Häkeln ja auch mit Hilfe dieses Buches.

Vielen Dank an meine Lektorin Melanie Kowalski und das Team vom EMF Verlag, insbesondere Theresa Maringer, die meine schwarz-weißen Manuskripte mit meinen Schritt-für-Schritt-Bildern zum Leben erwecken und so schön gestalten.

Ebenso danke ich meinen Sponsoren Buttinette, Lana Grossa und Schachenmayr, die mich wieder mit wunderbaren Garnen und Zubehör versorgt haben.

Impressum

Bibliografische Information der Deutschen Bibliothek.
Die Deutsche Bibliothek verzeichnet diese Publikation in der Deutschen Nationalbibliografie.
Detaillierte bibliografische Daten sind im Internet über http://www.dnb.de/ abrufbar.

EIN BUCH DER EDITION MICHAEL FISCHER

1. Auflage 2023

Bilder: © Silke Deidl Images, München, © Sarah Prieur (Stepfotos)
Redaktion und Lektorat: Melanie Kowalski
Covergestaltung, Layout & Satz: Theresa Maringer
Illustrationen: Shutterstock: © Nadiinko (2, 7, 8, 21, 28, 31, 46, 48, 49, 51, 52, 58,63, 64), © Nadezda Barkova (3, 18, 19, 26, 40), © Tatiana Goncharuk (S. 10, 13, 14, 22, 28, 31, 32, 36, 42, 48, 54, 60), © Lyudmyla Ishchenko (S. 28, 32, 36, 39, 42, 54, 57, 60, 22, 46, 49, 51), © Nepeta (32, 46)

ISBN 978-3-7459- 1482-5

Gedruckt bei Polygraf Print, Čapajevova 44, 08001 Prešov, Slowakei

www.emf-verlag.de